HACIA UN PLANETA SOSTENIBLE

Aportes para un Futuro Mejor

José Ruiz Watzeck

Watzeck Home Studius Digital

Derechos de autor © 2023 José Ruiz Watzeck

Todos los derechos reservados

Ninguna parte de este libro puede ser reproducida ni almacenada en un sistema de recuperación, ni transmitida de cualquier forma o por cualquier medio, electrónico, o de fotocopia, grabación o de cualquier otro modo, sin el permiso expreso del editor.

Diseño de la portada de: WATZECK HOME STUDIUS DIGITAL

Impreso en los Estados Unidos de América y Europa

CONTENIDO

Movilidad Limpia y Eficiente

Hacia un Planeta Sostenible: Aportes para un Futuro Mejor

JOSÉ RUIZ WATZECK

PREFACIO

El libro "Hacia un Planeta Sostenible" es una obra escrita por un profesor comprometido con la preservación del medio ambiente y tiene como objetivo presentar soluciones cohesionadas a la sociedad para construir un futuro sostenible. Dividido en 15 capítulos, el trabajo aborda temas esenciales relacionados con la sostenibilidad y explora las formas en que cada uno de nosotros puede contribuir a un planeta saludable.

A partir de una introducción impactante, el libro establece la importancia del medio ambiente y los desafíos que enfrentamos hoy. Luego, se explican los conceptos básicos de la sustentabilidad, resaltando sus pilares ambientales, sociales y económicos, además de enfatizar la importancia de la reducción, reutilización y reciclaje.

El trabajo aborda temas urgentes como el cambio climático, la conservación de la biodiversidad, la gestión de los recursos hídricos y la necesidad de adoptar energías renovables. También aborda la importancia de la agricultura sostenible, el consumo consciente, la gestión adecuada de los residuos y la promoción de un transporte más sostenible.

Además, el libro explora el papel crucial de la educación ambiental en la formación de ciudadanos conscientes y comprometidos. También destaca la importancia de la participación de la comunidad y la influencia de las políticas públicas y la legislación ambiental en la promoción de un cambio positivo.

El libro termina con una reflexión sobre los desafíos y oportunidades que se avecinan, así como un llamado a la acción individual y colectiva. Sugiere acciones prácticas que cada persona puede tomar para contribuir a un planeta sostenible y concluye con la importancia de la colaboración global y los Objetivos de

Desarrollo Sostenible (ODS) de la ONU.

"Hacia un planeta sostenible" es una lectura inspiradora que motiva a los lectores a convertirse en agentes de cambio para el medio ambiente. Basado en información actualizada y ejemplos prácticos, este libro ofrece una visión holística de la sostenibilidad y proporciona una guía clara sobre cómo cada individuo puede marcar la diferencia. Juntos, podemos construir un futuro mejor para las generaciones futuras y garantizar que nuestro planeta se preserve.

CAPÍTULO 1 INTRODUCCIÓN

Nuestro planeta enfrenta desafíos cada vez más complejos, desde un cambio climático devastador hasta la pérdida acelerada de biodiversidad. Es nuestro deber, como miembros de esta sociedad, reflexionar y actuar hacia un futuro más prometedor.

El propósito de esto es proporcionar una visión integral de los problemas ambientales y presentar soluciones cohesivas para abordar estos desafíos. Como docente, tengo el privilegio de compartir con ustedes conocimientos y perspectivas que nos ayudarán a comprender mejor el papel que desempeñamos en la construcción de un mundo más sostenible.

En las siguientes páginas exploraremos conceptos fundamentales de la sustentabilidad, entendiendo que la protección del medio ambiente no puede disociarse de los aspectos sociales y económicos. Nos sumergiremos en el cambio climático, entendiendo sus causas y consecuencias, así como las acciones que podemos tomar para mitigar sus impactos.

También hablaremos sobre la importancia de conservar la biodiversidad, la gestión responsable de los recursos hídricos y el uso de energías renovables como fuente de energía limpia y sostenible. Además, exploraremos prácticas agrícolas sostenibles, consumo consciente, gestión adecuada de residuos y la promoción de un transporte más sostenible.

A lo largo de este libro, no dejaremos de abordar el papel crucial de la educación ambiental en la formación de ciudadanos conscientes y comprometidos. Creemos que, a través del conocimiento y la conciencia, podemos despertar acciones individuales y colectivas que impactarán positivamente en nuestro planeta.

Es importante destacar que, si bien el desafío es inmenso, también encontramos oportunidades para la transformación. Las tecnologías innovadoras, las iniciativas comunitarias y las políticas públicas eficientes son ejemplos de herramientas que podemos utilizar para dar forma a un futuro mejor.

Sin embargo, tenemos que actuar ahora. La urgencia es palpable y la responsabilidad es de todos. Cada pequeña acción cuenta, desde las elecciones de consumo diario hasta la participación en proyectos ambientales locales.

Al final de esto, espero que se sienta inspirado y empoderado para convertirse en un agente de cambio. Juntos, podemos construir un futuro donde la armonía entre la humanidad y el medio ambiente sea una realidad.

Comencemos este viaje en busca de un planeta sostenible. El primer paso comienza ahora.

CAPÍTULO 2: CONCEPTOS BÁSICOS DE SOSTENIBILIDAD

En el capítulo anterior exploramos la importancia de preservar el medio ambiente y la necesidad de construir un futuro sostenible. Ahora, profundicemos en el conocimiento de los conceptos fundamentales de la sustentabilidad, entendiendo su esencia y su relevancia para nuestra sociedad.

Definición de sostenibilidad: La sostenibilidad es un concepto que abarca la capacidad de satisfacer las necesidades presentes sin comprometer la capacidad de las generaciones futuras para satisfacer las propias. En otras palabras, se trata de un equilibrio entre las dimensiones ambiental, social y económica, buscando el desarrollo de manera equitativa y respetando los límites del planeta.

Pilares de la sostenibilidad: Para entender la sostenibilidad en su totalidad, es fundamental abordar sus tres pilares principales:

1. Ambiental: El pilar ambiental se refiere a la conservación y preservación de los recursos naturales y ecosistemas. Es fundamental que adoptemos prácticas que reduzcan el consumo de recursos no renovables, protejan la biodiversidad y promuevan el uso sustentable de los recursos naturales.

2. sociales: El pilar social se refiere al bienestar humano y la equidad social. Busca asegurar que todas las personas tengan acceso a condiciones de vida dignas, incluyendo salud, educación, vivienda, seguridad y oportunidades laborales. La inclusión social y el respeto a la diversidad son elementos clave en este pilar.

3. Económico: El pilar económico está relacionado con la viabilidad financiera de las actividades humanas. El objetivo es promover el desarrollo económico sostenible, basado en prácticas responsables que consideren los impactos ambientales y sociales. El objetivo es conciliar el crecimiento económico con la preservación de los recursos naturales y la distribución justa de la riqueza.

Principios de sostenibilidad: Además de los pilares, existen principios fundamentales que guían la sustentabilidad. Algunos de ellos incluyen:

1. Reducir, reutilizar y reciclar: Estos principios están relacionados con la minimización del consumo de recursos y la reducción de la generación de residuos. La idea es buscar alternativas que promuevan la eficiencia en el uso de los recursos y amplíen la vida útil de los productos, reduciendo la necesidad de extraer materias primas y la cantidad de residuos desechados en el medio ambiente.

dos. Pensar en ciclos: la sostenibilidad fomenta la adopción de un enfoque circular, en el que los productos y materiales se diseñan y utilizan de tal manera que se reintegren en los ciclos de producción, evitando el desperdicio y maximizando la eficiencia.

3. Principio de precaución: Este principio consiste en tomar medidas preventivas ante los riesgos ambientales, aunque no exista certeza científica absoluta sobre sus consecuencias. Es un enfoque proactivo que busca evitar daños irreversibles al medio ambiente.

La interconexión de los pilares.: Es importante señalar que los pilares de la sustentabilidad están interconectados y se influyen entre sí. Un desequilibrio en cualquiera de los pilares puede comprometer la sostenibilidad en su conjunto. Por ejemplo, la degradación ambiental puede afectar negativamente la calidad de vida de las comunidades y las desigualdades sociales pueden conducir a un uso no sostenible de los recursos naturales.

Por lo tanto, es fundamental buscar soluciones que aborden los tres pilares de manera integrada. Esto significa que las acciones dirigidas a la preservación ambiental deben considerar los aspectos sociales y económicos involucrados, y viceversa. Solo a través de este enfoque holístico podemos lograr un equilibrio verdadero y duradero.

Además de los pilares de la sostenibilidad, también es necesario considerar el contexto cultural y ético en el que se aplican las prácticas sostenibles. Diferentes culturas tienen diferentes perspectivas y valores con respecto a la naturaleza y el medio ambiente. Es importante respetar y valorar esta diversidad, fomentando la inclusión y el diálogo entre las diferentes miradas.

Otro punto crucial es el reconocimiento de que la sostenibilidad no es un objetivo final, sino un proceso continuo de aprendizaje y adaptación. A medida que adquirimos nuevos conocimientos y enfrentamos nuevos desafíos, es necesario ajustar nuestras prácticas y buscar soluciones innovadoras. La sostenibilidad es dinámica y requiere una mentalidad de mejora continua.

Finalmente, es importante recalcar que la sustentabilidad no es responsabilidad exclusiva de gobiernos, organizaciones o especialistas. Todos tenemos un papel que desempeñar en la construcción de un futuro sostenible. Cada individuo puede contribuir haciendo elecciones conscientes en su estilo de vida, promoviendo la educación ambiental, participando en iniciativas comunitarias y exigiendo cambios positivos.

En este capítulo exploramos los conceptos básicos de la sustentabilidad, entendiendo sus pilares y principios. En los próximos capítulos, profundizaremos nuestra comprensión de problemas ambientales específicos y exploraremos formas prácticas de contribuir a un planeta sostenible.

Recuerda que la sostenibilidad es un reto colectivo que requiere la colaboración de todos. Juntos, podemos crear un futuro mejor para las generaciones presentes y futuras, donde se logre el equilibrio entre el medio ambiente, la sociedad y la economía.

CAPÍTULO 3: CAMBIO CLIMÁTICO: DESAFÍOS Y SOLUCIONES

En este capítulo, exploraremos uno de los mayores desafíos ambientales que enfrenta la humanidad: el cambio climático. Comprenderemos las causas y consecuencias de este fenómeno global y exploraremos las soluciones necesarias para abordarlo. Es fundamental que entendamos la urgencia de este tema y nos unamos en busca de acciones efectivas.

Sección 1: Causas del cambio climático:

- Explicación de los principales factores que contribuyen al cambio climático, como el aumento de las emisiones de gases de efecto invernadero por actividades humanas como la quema de combustibles fósiles y la deforestación.
- Exploración del papel del desequilibrio en el ciclo del carbono y del aumento de la concentración de dióxido de carbono (CO_2) en la atmósfera.
- Discusión de otros gases de efecto invernadero, como el metano y el óxido nitroso, y su impacto en el calentamiento global.

Sección 2: Consecuencias del cambio climático:

- Análisis de los efectos del cambio climático en diferentes ecosistemas y regiones, incluido el aumento de las temperaturas medias mundiales, los cambios en los patrones de precipitaciones, el aumento del nivel del mar, el derretimiento de los glaciares y los fenómenos meteorológicos extremos.
- Explorar el impacto en las comunidades humanas, como el desplazamiento de la población, la escasez de recursos, la inseguridad alimentaria y la propagación de enfermedades.

Seccion 3: Adaptación al cambio climático:

- Discusión sobre la importancia de la adaptación al cambio

climático, es decir, la capacidad de adaptarse y hacer frente a los impactos inevitables.

- Explorar estrategias de adaptación, como el desarrollo de infraestructura resistente, la gestión sostenible de los recursos hídricos, la protección de los ecosistemas naturales y la implementación de prácticas agrícolas adaptadas al clima.

Sección 4: Mitigación del cambio climático:

- Aproximación a la importancia de la mitigación, es decir, la reducción de las emisiones de gases de efecto invernadero para limitar el calentamiento global.
- Exploración de estrategias de mitigación, como la transición a fuentes de energía renovable, eficiencia energética, reforestación y captura y almacenamiento de carbono.
- Discusión sobre la importancia de la cooperación internacional y acuerdos como el "Acuerdo de París" para impulsar acciones globales de mitigación.

Sección 5: Acción individual y colectiva:

- Énfasis en la importancia de la acción individual en la mitigación del cambio climático, como la reducción del consumo de energía, el uso de transporte sostenible y la adopción de prácticas de consumo consciente.
- Exploración del papel de las organizaciones y los gobiernos en la implementación de políticas y regulaciones dirigidas a la reducción de emisiones.
- Fomentar la participación activa en la defensa de las medidas climáticas, como la presión por políticas más ambiciosas y la participación en movimientos y organizaciones centradas en la concienciación y acción climática.

Sección 6: Educación y sensibilización:

- Explorar el papel de la educación ambiental en la sensibilización sobre el cambio climático y en la formación de ciudadanos comprometidos y empoderados.
- Discusión sobre la importancia de incluir el tema del

cambio climático en los currículos escolares y actividades de sensibilización comunitaria.

- Recursos e iniciativas educativas sugeridas para promover la comprensión del cambio climático y fomentar la acción individual y colectiva.

Sección 7: Ejemplos inspiradores:

- Presentación de casos exitosos e iniciativas inspiradoras relacionadas con la mitigación y adaptación al cambio climático.
- Explorar proyectos innovadores, tanto a nivel local como global, que estén marcando la diferencia en la lucha contra el cambio climático.
- Fomentar la replicación de estos ejemplos inspiradores y la búsqueda de soluciones creativas y sostenibles en diferentes sectores de la sociedad.

La urgencia de abordar este problema exige que todos emprendamos acciones concretas para reducir las emisiones de gases de efecto invernadero, promover la sostenibilidad y buscar soluciones innovadoras. A través de la educación, la conciencia y el trabajo conjunto, podemos construir un futuro más resistente y sostenible para las generaciones presentes y futuras.

CAPÍTULO 4: CONSERVACIÓN DE LA BIODIVERSIDAD: PRESERVANDO LA VIDA EN LA TIERRA

En este capítulo, exploraremos la importancia de conservar la biodiversidad, reconociendo la riqueza y variedad de formas de vida en el planeta Tierra. Comprenderemos los desafíos que enfrenta la biodiversidad y exploraremos estrategias efectivas para su preservación. La conservación de la biodiversidad es fundamental para garantizar la salud de los ecosistemas y la sostenibilidad de nuestro planeta.

Sección 1: El valor de la biodiversidad:

- Explorar los beneficios que aporta la biodiversidad a los ecosistemas y a las personas, como la provisión de alimentos, la regulación del clima, la purificación del agua y la promoción de la salud.
- Discusión sobre el valor intrínseco de la biodiversidad, es decir, la importancia de preservar especies y ecosistemas independientemente de su valor económico.

Sección 2: Amenazas a la biodiversidad:

- Identificación de las principales amenazas que afectan a la biodiversidad, como la pérdida y degradación de hábitats, la sobreexplotación de los recursos naturales, la introducción de especies invasoras y el cambio climático.
- Exploración del papel de las actividades humanas en el desequilibrio ecológico y la pérdida de biodiversidad.

Seccion 3: Estrategias de conservación:

- Presentación de enfoques efectivos para la conservación de la biodiversidad, como la creación de áreas protegidas, la restauración de ecosistemas degradados y la adopción de prácticas sostenibles de uso de la tierra.

- Discusión sobre la importancia de la conservación in situ (en el sitio) y ex situ (fuera del sitio) para la preservación de especies en peligro de extinción.

Sección 4: Preservación de ecosistemas clave:

- Énfasis en la importancia de preservar ecosistemas clave, como bosques tropicales, océanos, arrecifes de coral y áreas de manglares.

- Explorar los servicios ecosistémicos que proporcionan estos ecosistemas y las estrategias necesarias para su protección y restauración.

Sección 5: Compromiso comunitario y participación pública:

- Discusión sobre el involucramiento de las comunidades locales en la conservación de la biodiversidad, reconociendo sus conocimientos tradicionales y promoviendo la participación activa en la toma de decisiones.

- Presentación de ejemplos de iniciativas exitosas de participación pública en conservación, como reservas comunitarias y proyectos de turismo sostenible.

Sección 6: Conservación marina:

- Exploración de los retos y estrategias específicas relacionadas con la conservación de los ecosistemas marinos, incluyendo la protección de las áreas marinas protegidas, la reducción de la contaminación y la gestión sostenible de los recursos pesqueros.

Sección 7: Tecnología e innovación para la conservación:

- Discusión sobre el papel de la tecnología y la innovación en la conservación de la biodiversidad, como el uso de técnicas de monitoreo remoto, la genética de la conservación y el desarrollo de nuevos enfoques para la conservación de especies en peligro de extinción.

- Explorar ejemplos de tecnologías aplicadas a la conservación, como el uso de drones para monitorear áreas protegidas, el uso de técnicas de reproducción asistida para especies amenazadas y el uso de inteligencia artificial en la identificación y monitoreo de especies.

Sección 8: Educación y sensibilización:
- Énfasis en la importancia de la educación ambiental en la concientización sobre la importancia de la conservación de la biodiversidad.
- Exploración de estrategias educativas eficaces para promover la comprensión de la biodiversidad y fomentar la acción individual y colectiva para su conservación.
- Sugerencias de actividades prácticas y recursos educativos para involucrar a las personas en el proceso de conservación.

Sección 9: Cooperación internacional y políticas de conservación:

- Discusión sobre la importancia de la cooperación internacional en la conservación de la biodiversidad, reconociendo que muchas especies y ecosistemas tienen un alcance global.
- Exploración de acuerdos y convenciones internacionales, como el Convenio sobre la Diversidad Biológica, y la importancia de las políticas y regulaciones nacionales para la protección de la biodiversidad.

En este capítulo, exploramos la importancia de conservar la biodiversidad como un componente esencial de la sustentabilidad de nuestro planeta. Reconocemos las amenazas que enfrentamos y destacamos estrategias efectivas para preservar la vida en la Tierra. La conservación de la biodiversidad requiere esfuerzos conjuntos, en los que participen gobiernos, comunidades locales, organizaciones no gubernamentales e individuos.

Al preservar la biodiversidad, garantizamos la salud de los ecosistemas, el mantenimiento de los servicios ecosistémicos y el bienestar de las comunidades humanas. A través de la educación, la participación activa y la adopción de prácticas sostenibles, podemos marcar la diferencia en la protección de la biodiversidad.

En los próximos capítulos, continuaremos explorando cuestiones ambientales importantes y presentaremos formas prácticas de contribuir a un planeta más sostenible, teniendo en cuenta la conservación de la biodiversidad y su papel crucial en el sostenimiento de la vida en la Tierra.

CAPÍTULO 5: USO SOSTENIBLE DE LOS RECURSOS NATURALES: EQUILIBRANDO NUESTRAS NECESIDADES

En este capítulo abordaremos el tema del uso sostenible de los recursos naturales, reconociendo la importancia de equilibrar nuestras necesidades con la preservación de los ecosistemas y la garantía de los recursos para las generaciones futuras. Exploraremos estrategias para el manejo responsable de los recursos naturales, promoviendo la sustentabilidad en diferentes sectores de la sociedad.

Sección 1: La importancia de los recursos naturales:

- Exploración del papel de los recursos naturales en el sostenimiento de la vida y de los ecosistemas.
- Identificación de los principales tipos de recursos naturales, tales como agua, suelo, minerales, energía, flora y fauna.
- Discusión sobre la interdependencia entre los recursos naturales y su importancia para las necesidades humanas como alimentación, vivienda, energía y materiales.

Sección 2: Desafíos en la gestión de los recursos naturales:

- Identificación de los desafíos que enfrenta la gestión de los recursos naturales, como la sobreexplotación, la degradación de los ecosistemas, la contaminación y la escasez de recursos.
- Explorar las consecuencias de estos desafíos, tanto para los ecosistemas como para las comunidades humanas que dependen de estos recursos.

Seccion 3: Principios de la gestión sostenible de los recursos naturales:

- Presentación de principios fundamentales para la gestión sostenible de los recursos naturales, tales como la precaución, la

conservación, la eficiencia y la equidad.
- Discusión sobre la importancia de integrar los aspectos sociales, económicos y ambientales en la toma de decisiones relacionadas con los recursos naturales.

Sección 4: Uso sostenible del agua:

- Explorar la importancia del agua como recurso vital y las amenazas a las que se enfrenta, como la escasez y la contaminación del agua.
- Presentación de estrategias para el uso sostenible del agua, tales como conservación, reutilización, gestión integrada de los recursos hídricos y protección de los ecosistemas acuáticos.

Sección 5: Gestión sostenible de los bosques y la biodiversidad:

- Discusión sobre la importancia de los bosques y la biodiversidad en la sostenibilidad de los ecosistemas y en la provisión de servicios ecosistémicos.
- Exploración de estrategias para la gestión forestal sostenible, incluida la conservación, la gestión forestal sostenible y la lucha contra la deforestación ilegal.
- Énfasis en la importancia de valorar y proteger la biodiversidad como base para la sostenibilidad de los recursos naturales.

Sección 6: Energía sostenible y eficiencia energética:

- Presentación de enfoques para la transición a fuentes de energía sostenibles, como las energías renovables, con miras a reducir la dependencia de los combustibles fósiles y mitigar el cambio climático.
- Explorar la importancia de la eficiencia energética para reducir el consumo y hacer un uso más racional de los recursos energéticos.

Sección 7: Gestión sostenible de minerales y materiales:

- Explorar los desafíos relacionados con la extracción y el uso de minerales y materiales, como la degradación ambiental, la escasez de recursos y los impactos sociales.

- Presentación de estrategias para la gestión sostenible de minerales y materiales, incluyendo la reducción, el reciclaje, la sustitución con materiales más sostenibles y la adopción de prácticas responsables en la cadena de suministro.

Sección 8: Agricultura sostenible y seguridad alimentaria:

- Debate sobre la importancia de la agricultura sostenible para garantizar la seguridad alimentaria y preservar los recursos naturales.

- Presentación de prácticas agrícolas sostenibles, como la agroecología, la agricultura de conservación y la diversificación de cultivos, con el objetivo de minimizar los impactos negativos sobre el suelo, el agua y la biodiversidad.

Sección 9: Reducción de residuos y consumo consciente:

- Énfasis en la importancia de reducir el desperdicio y el consumo excesivo en la preservación de los recursos naturales.

- Explorar estrategias de consumo consciente, como la reutilización, el reciclaje, la compra responsable y el compartir recursos.

Sección 10: Responsabilidad corporativa y políticas públicas:

- Discusión sobre el papel de las empresas y las políticas públicas en la promoción del uso sostenible de los recursos naturales.

- Explorar ejemplos de prácticas sostenibles en diferentes sectores, así como políticas y normativas que fomenten la gestión responsable de los recursos.

CAPÍTULO 6: ENERGÍA RENOVABLE: HACIA UNA TRANSICIÓN SOSTENIBLE

En este capítulo abordaremos la importancia de las energías renovables como alternativa sostenible a los combustibles fósiles. Exploraremos las diversas formas de energía renovable disponibles, sus beneficios ambientales y socioeconómicos, así como los desafíos y oportunidades para su implementación a gran escala. La transición hacia una matriz energética más limpia y renovable es fundamental para luchar contra el cambio climático y asegurar la sostenibilidad de nuestro planeta.

Sección 1: La necesidad de energía limpia:

- Explorar los impactos negativos de los combustibles fósiles, como las emisiones de gases de efecto invernadero y la contaminación del aire.
- Discusión sobre la importancia de reducir la dependencia de fuentes no renovables y adoptar fuentes de energía limpias y sustentables.

Sección 2: Energía solar:

- Presentación de la energía solar como una de las principales fuentes de energía renovable.
- Explorar las tecnologías fotovoltaicas y de calefacción solar, destacando sus beneficios, como la reducción de las emisiones de carbono y la generación distribuida.

Seccion 3: Energía eólica:

- Discusión sobre la energía eólica como una forma madura y prometedora de energía renovable.
- Exploración de diferentes tipos de aerogeneradores y aspectos relacionados con su implementación, como la elección de ubicaciones adecuadas y los impactos ambientales y visuales.

Sección 4: Energía hidroeléctrica:

- Presentación de la energía hidroeléctrica como una de las fuentes de energía renovable más utilizadas a nivel mundial.
- Exploración de los diferentes tipos de centrales hidroeléctricas, incluidas las de pequeña y gran escala, y sus beneficios y desafíos.

Sección 5: Energía de biomasa:

- Discusión sobre la energía de la biomasa como forma de aprovechamiento energético de los materiales orgánicos.
- Exploración de fuentes de biomasa, tales como residuos agrícolas, residuos forestales y biogás, y sus beneficios y limitaciones.

Sección 6: Energía geotérmica:

- Presentación de la energía geotérmica como fuente de energía renovable que aprovecha el calor del interior de la Tierra.
- Exploración de diferentes tipos de sistemas geotérmicos y sus aplicaciones, destacando los beneficios y desafíos de esta forma de energía.

Sección 7: Energías del océano:

- Discusión sobre las energías provenientes de los océanos, como la energía de las mareas, olas y corrientes marinas.
- Explorar el potencial de estas fuentes de energía y los desafíos técnicos y ambientales asociados a su implementación.

Sección 8: Integración de las energías renovables en el sistema energético:

- Presentación de estrategias para la integración eficiente y sostenible de las energías renovables en el sistema energético, incluyendo el uso de redes inteligentes y almacenamiento de energía.

Sección 9: Retos y oportunidades de la transición energética:

- Discusión de los principales desafíos que enfrenta la transición a una matriz energética basada en energías renovables.
- Explorar desafíos técnicos como la intermitencia y la variabilidad de las fuentes renovables, y la necesidad de soluciones de gestión y almacenamiento de energía.
- Análisis de desafíos económicos, como costos de implementación e impactos en la industria de combustibles fósiles.
- Abordar desafíos políticos como la resistencia de los sectores tradicionales y la necesidad de políticas favorables e incentivos para promover la transición.

- Presentación de oportunidades asociadas a la transición energética hacia las energías renovables.
- Exploración de beneficios socioeconómicos, como la creación de empleos verdes, el desarrollo de tecnologías y la reducción de la dependencia de combustibles fósiles importados.
- Énfasis en los beneficios ambientales, como la reducción de las emisiones de gases de efecto invernadero y la mejora de la calidad del aire.
- Debate sobre oportunidades de innovación y emprendimiento en el sector de las energías renovables.

Sección 10: Políticas e incentivos para la transición energética:

- Exploración de políticas gubernamentales e incentivos necesarios para promover la transición energética.
- Discusión sobre la importancia de políticas de apoyo, como tarifas de energía renovable, objetivos de energía limpia e incentivos fiscales.
- Abordar las políticas de descarbonización, como la fijación de precios del carbono y regulaciones ambientales más estrictas.
- Énfasis en la importancia de la cooperación internacional y los acuerdos climáticos para impulsar la transición energética a nivel global.

En este capítulo exploramos la importancia de las energías

renovables como solución clave para la transición hacia un futuro sostenible. Reconocemos los desafíos enfrentados, pero también destacamos las oportunidades y los beneficios socioeconómicos y ambientales asociados con la adopción de fuentes de energía limpia. La transición energética requiere acciones conjuntas, que involucren a los gobiernos, el sector privado y la sociedad civil, para promover políticas e incentivos adecuados, inversiones en investigación y desarrollo, y conciencia sobre los beneficios de las energías renovables.

En los próximos capítulos, continuaremos explorando temas relacionados con la sustentabilidad y el medio ambiente, presentando estrategias y acciones prácticas para contribuir a un planeta más sustentable, teniendo en cuenta la importancia de las energías renovables y la transición energética para mitigar el cambio climático y asegurar un futuro mejor sostenible para las generaciones presentes y futuras.

CAPÍTULO 7: PRESERVACIÓN DE ECOSISTEMAS: CONSERVACIÓN DE LA BIODIVERSIDAD Y LOS SERVICIOS ECOSISTÉMICOS

En este capítulo, abordaremos la importancia de preservar los ecosistemas como base para conservar la biodiversidad y los servicios de los ecosistemas. Exploraremos la diversidad de ecosistemas existentes en el planeta, los desafíos que enfrenta la conservación y las estrategias para proteger y restaurar estos sistemas vitales. Preservar los ecosistemas es fundamental para garantizar la sostenibilidad de nuestro planeta y el bienestar de las especies, incluidos los humanos.

Sección 1: La importancia de los ecosistemas:

- Exploración del concepto de ecosistema y su relación con la biodiversidad y los servicios ecosistémicos.
- Discusión sobre la interdependencia entre los componentes de los ecosistemas, como las especies de plantas y animales, los microorganismos y el entorno físico.
- Identificación de servicios ecosistémicos clave como la regulación del clima, la purificación del aire y el agua, la polinización, la protección contra los desastres naturales y el suministro de alimentos.

Sección 2: Pérdida de biodiversidad y degradación de ecosistemas:
- Presentación de los principales factores que contribuyen a la pérdida de biodiversidad y la degradación de los ecosistemas, como la conversión de hábitats, la fragmentación, la contaminación, las especies invasoras y el cambio climático.
- Discusión sobre las consecuencias de la pérdida de biodiversidad y la degradación de los ecosistemas para la estabilidad de los ecosistemas y para la sociedad humana.

Seccion 3: Conservación de los ecosistemas terrestres:

- Exploración de estrategias y enfoques para la conservación de ecosistemas terrestres, como bosques, sabanas, desiertos, tundras y otros biomas.
- Discusión sobre la importancia de crear y gestionar áreas protegidas, restaurar ecosistemas degradados y adoptar prácticas agrícolas sostenibles.

Sección 4: Conservación de los ecosistemas acuáticos:

- Presentación de estrategias de conservación de ecosistemas acuáticos, tales como océanos, mares, ríos, lagos y humedales.
- Explorar la importancia de proteger los hábitats costeros, gestionar de forma sostenible la pesca, reducir la contaminación y luchar contra la degradación de los ecosistemas acuáticos.

Sección 5: Conservación de la biodiversidad:

- Discusión sobre la importancia de la conservación de la biodiversidad en su conjunto, incluida la preservación de especies en peligro de extinción y la protección de la diversidad genética.
- Presentación de estrategias para la conservación de la biodiversidad, como la creación de áreas protegidas, el establecimiento de corredores ecológicos, la educación ambiental y la participación de la comunidad local.

Sección 6: Restauración de ecosistemas:

- Explorar la importancia de restaurar ecosistemas degradados como una estrategia clave para conservar la biodiversidad y restaurar los servicios de los ecosistemas.
- Discusión sobre enfoques y técnicas de restauración, tales como reforestación, restauración de humedales y remediación de ecosistemas acuáticos.
- Presentación de casos exitosos en restauración de ecosistemas y los beneficios derivados de esta práctica.

Sección 7: Conservación de la biodiversidad y comunidades locales:

- Aproximación a la importancia de integrar a las comunidades locales en la conservación de la biodiversidad y la preservación de los ecosistemas.
- Explorar enfoques participativos, como la gestión comunitaria de las áreas protegidas, la valoración de los conocimientos tradicionales y el fortalecimiento de las capacidades locales para la conservación.

Sección 8: La importancia de la conectividad de los ecosistemas:

- Discusión sobre la importancia de la conectividad de los ecosistemas para la conservación de la biodiversidad.
- Exploración de corredores ecológicos, puentes verdes y otras estrategias destinadas a conectar fragmentos de hábitats, permitiendo el movimiento de especies y el intercambio genético.

Sección 9: Desafíos y oportunidades en la conservación de ecosistemas:

- Identificación de los desafíos que enfrenta la conservación de los ecosistemas, como la falta de financiamiento, la falta de conciencia pública y la presión humana sobre los recursos naturales.
- Explorar oportunidades como la colaboración entre gobiernos, organizaciones no gubernamentales y el sector privado, así como el avance de la tecnología para el seguimiento y la evaluación.

Sección 10: El papel del individuo en la conservación de los ecosistemas:
- Énfasis en el papel que cada individuo puede jugar en la conservación de los ecosistemas.
- Presentación de acciones prácticas, como la reducción del consumo de recursos naturales, el apoyo a iniciativas de conservación, la participación en programas de voluntariado y la promoción de la conciencia ambiental.

En este capítulo, exploramos la importancia de preservar los ecosistemas como base para conservar la biodiversidad y los servicios de los ecosistemas. Reconocemos los desafíos que enfrenta la conservación, pero también destacamos estrategias y enfoques efectivos para proteger y restaurar ecosistemas vitales. La conservación de los ecosistemas es fundamental para garantizar la sostenibilidad de nuestro planeta, la calidad de vida de las especies y la resiliencia de los ecosistemas ante los cambios globales.

En los próximos capítulos continuaremos explorando temas relacionados con la sustentabilidad y el medio ambiente, presentando estrategias y acciones prácticas para contribuir a la preservación de los ecosistemas, la conservación de la biodiversidad y la promoción de un planeta más sustentable.

CAPÍTULO 8: EDUCACIÓN AMBIENTAL: FORMACIÓN PARA LA SOSTENIBILIDAD

En este capítulo, abordaremos la importancia de la educación ambiental como una herramienta fundamental para empoderar a las personas y las comunidades para promover la sostenibilidad. Exploraremos los principios de la educación ambiental, sus enfoques y estrategias, así como los beneficios de una educación ambiental integral y transformadora. A través de la educación ambiental, podemos desarrollar la conciencia ambiental, fomentar la participación activa y promover acciones prácticas para abordar los desafíos ambientales que enfrentamos hoy.

Sección 1: Principios de la Educación Ambiental:

- Presentación de los principios de la educación ambiental, como la interdisciplinariedad, la contextualización, la participación activa, la sostenibilidad y la equidad.
- Exploración de la importancia de un enfoque holístico que integre conocimientos científicos, valores, actitudes y habilidades.

Sección 2: Objetivos de la Educación Ambiental:

- Discusión de los objetivos de la educación ambiental, como el desarrollo de la conciencia ambiental, el fortalecimiento de la ciudadanía activa, la promoción de la sostenibilidad y la formación para la acción.

Seccion 3: Enfoques y Estrategias de la Educación Ambiental:

- Presentación de diferentes enfoques y estrategias de la educación ambiental, como el aprendizaje experiencial, la educación al aire libre, la educación basada en problemas y la educación para la acción.
- Énfasis en la importancia de la práctica, la reflexión y la conexión con la naturaleza como elementos clave en la educación

ambiental.

Sección 4: Educación Ambiental en Instituciones de Enseñanza:

- Explorar la incorporación de la educación ambiental en las instituciones de enseñanza, desde la educación infantil hasta la educación superior.
- Discusión sobre la importancia de los currículos interdisciplinarios, espacios de aprendizaje sostenibles y prácticas pedagógicas innovadoras.

Sección 5: Educación Ambiental No Formal:

- Presentación de la educación ambiental no formal, que se realiza fuera del contexto escolar, en organizaciones no gubernamentales, centros comunitarios, museos, parques y otras instituciones.
- Énfasis en la importancia de la educación ambiental no formal en la promoción de la conciencia, la participación ciudadana y el cambio de comportamiento.

Sección 6: Educación Ambiental y Comunidades Locales:

- Discusión sobre la importancia de la educación ambiental como medio para fortalecer a las comunidades locales en la toma de decisiones sostenibles.
- Explorar enfoques participativos como la educación popular, la movilización comunitaria y la participación de las partes interesadas.

Sección 7: Educación Ambiental y Tecnología:

- Presentación del papel de la tecnología en la educación ambiental, como herramienta de comunicación, investigación, seguimiento y participación.
- Exploración de recursos digitales, aplicaciones móviles, juegos educativos y plataformas en línea como recursos para promover la educación ambiental.

Sección 8: Evaluación y Seguimiento de la Educación Ambiental:

- Discusión sobre la importancia de evaluar y monitorear la educación ambiental para verificar la efectividad de las estrategias y enfoques utilizados.
- Exploración de métodos e indicadores para evaluar el impacto de la educación ambiental, tales como encuestas, evaluaciones de conocimientos, cambios de comportamiento e indicadores de sostenibilidad.

Sección 9: Desafíos y Oportunidades en Educación Ambiental:

- Identificación de desafíos enfrentados en la implementación de la educación ambiental, como la falta de recursos, la resistencia al cambio y la necesidad de integración curricular.
- Exploración de oportunidades, como alianzas interinstitucionales, colaboración entre educadores y formación profesional.

Sección 10: Educación Ambiental para un Futuro Sostenible:

- Énfasis en la importancia de la educación ambiental transformadora que capacite a las personas para convertirse en agentes de cambio para un futuro sostenible.
- Presentación de ejemplos inspiradores de proyectos e iniciativas de educación ambiental que tengan un impacto positivo en las comunidades y el medio ambiente.

En este capítulo, exploramos la importancia de la educación ambiental como una herramienta poderosa para empoderar a las personas y las comunidades para promover la sustentabilidad. A través de la educación ambiental, podemos desarrollar la conciencia ambiental, fomentar la participación activa y promover acciones prácticas para abordar los desafíos ambientales. Reconocemos los principios, objetivos, enfoques y estrategias de la educación ambiental, así como los desafíos y oportunidades que enfrentamos. Seguir invirtiendo en educación ambiental es fundamental para crear una sociedad consciente, comprometida y capaz de construir un futuro sostenible para las generaciones presentes y futuras.

En los próximos capítulos, continuaremos explorando temas relacionados con la sustentabilidad y el medio ambiente, presentando estrategias y acciones prácticas para promover la conciencia ambiental, el cambio de comportamiento y la transformación hacia una sociedad más sustentable.

CAPÍTULO 9: ENERGÍAS RENOVABLES: HACIA UN FUTURO SOSTENIBLE

En este capítulo, exploraremos el papel de las energías renovables en el camino hacia un futuro sostenible. Abordaremos la importancia de reducir nuestra dependencia de los combustibles fósiles, los beneficios de las energías renovables y las principales tecnologías disponibles en la actualidad. Además, discutiremos los desafíos y oportunidades de la transición a un sistema energético más limpio y sostenible.

Sección 1: El impacto de los combustibles fósiles:

- Explorar los efectos negativos de los combustibles fósiles en el medio ambiente, como la contaminación del aire, el cambio climático y la degradación de los ecosistemas.
- Discusión de los problemas socioeconómicos y geopolíticos asociados a la dependencia de los combustibles fósiles.

Sección 2: Energías renovables y sostenibilidad:

- Presentación de los conceptos de energías renovables y sostenibilidad energética.
- Explorar los beneficios de las energías renovables, como la reducción de emisiones de gases de efecto invernadero, la seguridad energética, la creación de empleo y el desarrollo local.

Seccion 3: Energía solar:

- Debate sobre la energía solar como una de las principales fuentes de energía renovable.
- Presentación de tecnologías solares, como paneles fotovoltaicos y plantas de concentración solar, y sus usos en viviendas, comercios y centrales eléctricas.

Sección 4: Energía eólica:

- Explotación de la energía eólica como una forma de energía renovable cada vez más popular.
- Presentación de aerogeneradores terrestres y marinos, así como parques eólicos, y sus aportes a la matriz energética.

Sección 5: Energía hidroeléctrica:

- Presentación de la energía hidroeléctrica como una de las principales fuentes de energía renovable.
- Discusión sobre los diferentes tipos de centrales hidroeléctricas, sus impactos ambientales y su papel en la generación de energía limpia.

Sección 6: Energía de biomasa:

- Aprovechamiento de la energía de la biomasa como forma de energía renovable derivada de los residuos orgánicos.
- Presentación de tecnologías de conversión de biomasa, como bioenergía, biogás y biocombustibles, y sus aplicaciones.

Sección 7: Energía geotérmica:

- Debate sobre la energía geotérmica, que aprovecha el calor del interior de la Tierra para generar electricidad o calefacción.
- Presentación de tecnologías geotérmicas, como sistemas de bomba de calor y plantas geotérmicas, y sus beneficios como fuente de energía limpia y constante.

Sección 8: Retos de la transición energética:

- Identificación de los retos a los que se enfrenta la transición a un sistema energético basado en energías renovables, como el coste inicial, la integración en la red eléctrica y la resistencia al cambio.

Sección 9: Oportunidades y soluciones:

- Explorar las oportunidades económicas, tecnológicas y sociales que ofrece la transición a las energías renovables.
- Presentación de soluciones y estrategias para superar los desafíos de la transición, como incentivos gubernamentales, inversiones

en investigación y desarrollo y alianzas público-privadas.

Sección 10: Las energías renovables y el papel del individuo:

- Énfasis en el papel que cada individuo puede jugar en la promoción de las energías renovables.
- Discusión sobre acciones prácticas, como el uso de paneles solares en los hogares, la opción por vehículos eléctricos y el apoyo a políticas favorables a las energías limpias.

Sección 11: Energías renovables en el escenario global:

- Exploración de iniciativas y compromisos internacionales para aumentar la participación de las energías renovables en la matriz energética mundial.
- Discusión sobre avances y ejemplos de países que han tenido éxito en la implementación de políticas e infraestructura para promover las energías renovables.

En este capítulo, exploramos el papel de las energías renovables en el camino hacia un futuro sostenible. Reconocemos los impactos negativos de los combustibles fósiles y los beneficios de las energías renovables, abordando tecnologías como la solar, eólica, hidroeléctrica, de biomasa y geotérmica. Discutimos los desafíos y oportunidades de la transición a un sistema energético más limpio, así como el papel fundamental del individuo en la promoción de las energías renovables. La adopción a gran escala de energías renovables es fundamental para reducir las emisiones de gases de efecto invernadero, combatir el cambio climático y lograr la sostenibilidad energética.

En los próximos capítulos, continuaremos explorando temas relacionados con la sustentabilidad y el medio ambiente, presentando estrategias y acciones prácticas para promover el uso de energías renovables, la eficiencia energética y la transición a un sistema energético más sustentable.

CAPÍTULO 10: AGRICULTURA SOSTENIBLE: CULTIVANDO UN FUTURO RESILIENTE

En este capítulo, exploraremos el concepto de agricultura sostenible y cómo juega un papel clave en la construcción de un futuro resiliente. Abordaremos los desafíos de la agricultura convencional, los principios de la agricultura sostenible y las prácticas agrícolas que promueven la salud del suelo, la conservación de los recursos naturales y la seguridad alimentaria. Entenderemos cómo la agricultura sostenible puede contribuir a la protección del medio ambiente y el bienestar de las comunidades rurales.

Sección 1: Los retos de la agricultura convencional:

La agricultura convencional, como la conoce la mayoría de la gente, se enfrenta a serios desafíos. El uso excesivo de productos químicos como pesticidas y fertilizantes puede contaminar el suelo y el agua, afectando la salud humana y la biodiversidad. Además, la degradación de la tierra y la pérdida de biodiversidad son preocupaciones importantes. La agricultura convencional también depende de recursos finitos como los combustibles fósiles y el agua, que se están agotando. Estos desafíos nos llevan a buscar alternativas más sostenibles.

Sección 2: Principios de la agricultura sostenible:
La agricultura sostenible se basa en principios que tienen como objetivo preservar la salud del suelo, promover la biodiversidad y garantizar la seguridad alimentaria. Estos principios incluyen la reducción del uso de productos químicos, la diversificación de cultivos, la gestión eficiente del agua y la protección de la vida silvestre. También es importante respetar los ciclos naturales y promover la cooperación entre los agricultores y las comunidades locales. Al adoptar estos principios, podemos cultivar alimentos saludables y proteger el medio ambiente al mismo tiempo.

Seccion 3: Prácticas agrícolas sostenibles:

Hay muchas prácticas agrícolas sostenibles que podemos adoptar para promover la salud del suelo y conservar los recursos naturales. La agroecología es un enfoque que considera los ecosistemas agrícolas como sistemas complejos en los que las plantas, los animales y los seres humanos interactúan en armonía. La permacultura es otra práctica que se basa en la observación de la naturaleza para diseñar sistemas agrícolas sostenibles. Además, la rotación de cultivos, el manejo integrado de plagas y el compostaje son técnicas valiosas para reducir la dependencia de los productos químicos y mejorar la fertilidad del suelo.

Sección 4: Agricultura orgánica:

La agricultura orgánica es una forma popular de agricultura sostenible. Se basa en el uso de prácticas naturales para cultivar alimentos saludables y proteger el medio ambiente. En la agricultura orgánica no se utilizan químicos sintéticos como pesticidas y fertilizantes, y se promueven prácticas como la rotación de cultivos, el uso de fertilizantes orgánicos y el control biológico de plagas. Los alimentos orgánicos están certificados para garantizar que se han producido de acuerdo con los estándares establecidos para la agricultura orgánica.

Sección 5: Agricultura de conservación:

La agricultura de conservación es un enfoque que busca preservar la salud del suelo y minimizar el impacto ambiental. Se basa en tres principios fundamentales: labranza cero, cobertura vegetal y rotación de cultivos. La siembra directa consiste en sembrar las semillas directamente en el suelo, sin necesidad de arar, lo que ayuda a reducir la erosión y preservar la estructura del suelo. La vegetación implica el cultivo de cultivos de cobertura, como el trébol o la avena, entre los principales ciclos de cultivo, lo que ayuda a proteger el suelo y mejorar la fertilidad. La rotación de cultivos consiste en alternar diferentes cultivos en una misma zona a lo largo del tiempo, lo que ayuda a controlar plagas y enfermedades, además de mejorar la salud del suelo.

Sección 6: Agricultura urbana y periurbana:

La agricultura no se limita sólo a las zonas rurales. La agricultura urbana y periurbana juega un papel importante en la producción local de alimentos, la reducción de las emisiones de carbono y el fortalecimiento de las comunidades. La agricultura urbana implica el cultivo de alimentos en áreas urbanas, como jardines comunitarios, jardines en techos y sistemas de agricultura vertical. La agricultura periurbana se refiere a la producción agrícola en áreas adyacentes a las ciudades. Estas prácticas promueven la seguridad alimentaria, conectan a las personas con la producción de alimentos y reducen la huella ecológica al reducir la distancia que recorren los alimentos.

Sección 7: Retos y oportunidades de la agricultura sostenible:

La adopción generalizada de la agricultura sostenible enfrenta desafíos como la resistencia al cambio, la falta de conocimiento y costos iniciales más altos. Sin embargo, también presenta grandes oportunidades. La agricultura sostenible puede reducir la dependencia de insumos externos como fertilizantes y pesticidas, lo que beneficia las economías de los agricultores. Además, promueve la resiliencia de los sistemas agrícolas ante desafíos como el cambio climático y puede garantizar la seguridad alimentaria de las generaciones futuras. La conciencia y la educación son claves para superar los desafíos y aprovechar las oportunidades de la agricultura sostenible.

La agricultura sostenible juega un papel crucial en la construcción de un futuro resiliente, equilibrando la producción de alimentos con la protección del medio ambiente. A través de prácticas agrícolas sostenibles como la agroecología, la agricultura orgánica y la agricultura de conservación, podemos preservar la salud del suelo, promover la biodiversidad y garantizar la seguridad alimentaria. La agricultura urbana y periurbana también juega un papel importante para acercar a las personas a la producción de alimentos y cerrar la brecha entre la producción y el consumo. Superando los retos y aprovechando las oportunidades de la agricultura sostenible, podemos construir un futuro en el que la agricultura sea capaz de alimentar a la población de forma saludable, respetando los límites del planeta.

Es importante que cada uno de nosotros desempeñe un papel activo en la promoción de la agricultura sostenible. Como consumidores, podemos elegir alimentos orgánicos, apoyar a los agricultores locales y reducir el desperdicio de alimentos. Como agricultores, podemos implementar prácticas sostenibles como la rotación de cultivos, el uso de fertilizantes naturales y la conservación del agua. Además, los gobiernos y las instituciones tienen un papel crucial en la promoción de políticas agrícolas sostenibles, brindando incentivos y apoyo a los agricultores que adoptan prácticas sostenibles.

La agricultura sostenible no se trata solo de producir alimentos, sino también de cuidar nuestro planeta y las generaciones futuras. Al adoptar prácticas agrícolas que respeten la naturaleza y promuevan la salud del suelo y la conservación de los recursos, podemos contribuir a construir un mundo más sostenible y equilibrado.

Al concluir este capítulo, espero haber proporcionado una comprensión más clara de la importancia de la agricultura sostenible y cómo puede contribuir a construir un futuro resiliente. Al implementar prácticas sostenibles y apoyar a los agricultores que participan en este proceso, podemos crear un sistema agrícola más saludable, justo y resistente. Juntos, podemos cultivar un futuro mejor para nosotros y para las generaciones venideras, donde la agricultura y el medio ambiente coexistan en armonía.

CAPÍTULO 11: GESTIÓN DE RESIDUOS: REDUCCIÓN, REUTILIZACIÓN Y RECICLAJE PARA UN FUTURO SOSTENIBLE

En este capítulo, exploraremos la importancia de una gestión adecuada de los residuos y cómo juega un papel clave en la construcción de un futuro sostenible. Abordaremos los retos asociados a los residuos, las tres R (Reducir, Reutilizar y Reciclar) como principios y prácticas fundamentales que se pueden adoptar para minimizar el impacto ambiental de los residuos que producimos. Entenderemos cómo cada uno de nosotros puede contribuir a un sistema de gestión de residuos eficiente y sostenible.

Sección 1: Los retos de los residuos:

El aumento de la población y del consumo ha provocado una creciente generación de residuos. Los desechos pueden incluir materiales como plásticos, papel, vidrio, metales, desechos orgánicos y productos electrónicos que, si no se manejan adecuadamente, pueden causar daños al medio ambiente y la salud humana. Además, la eliminación inadecuada de desechos puede provocar la contaminación del suelo, el agua y el aire, lo que contribuye a la contaminación y al cambio climático. Abordar estos desafíos y adoptar prácticas sostenibles de gestión de residuos es fundamental.

Sección 2: Las tres R: Reducir, Reutilizar y Reciclar:

Reducir, reutilizar y reciclar: estos son principios fundamentales en la gestión de residuos y en la promoción de una economía circular. La primera R, Reducir, implica reducir la cantidad de residuos generados, evitando el desperdicio y haciendo elecciones de consumo conscientes. La segunda R, Reutilizar, consiste en dar una segunda vida a los productos, prolongando su utilidad mediante reparaciones, donaciones, intercambios o transformaciones creativas. La tercera R, Reciclar, es el proceso de transformar los residuos en nuevos materiales o productos, reduciendo la necesidad de extraer recursos naturales y ahorrando energía.

Seccion 3: Prácticas sostenibles de gestión de residuos:

Hay varias prácticas que se pueden adoptar para una gestión de residuos más sostenible. La separación adecuada de los residuos en diferentes categorías, como plástico, papel, vidrio y metal, facilita el proceso de reciclaje. El compostaje de desechos orgánicos, como desechos de alimentos y hojas, es una práctica efectiva para reducir la cantidad de desechos enviados a los vertederos y producir fertilizante natural para la agricultura. Adoptar envases retornables, usar bolsas reutilizables y elegir productos con envases sostenibles son formas de reducir el uso excesivo de materiales desechables.

Sección 4: Responsabilidad individual y participación de la comunidad:

Cada uno de nosotros tiene un papel clave en la gestión de residuos y podemos marcar la diferencia a través de nuestras acciones individuales y el compromiso de la comunidad. Aquí hay algunas maneras en que podemos contribuir:

1. Reduce el consumo: elige productos duraderos y de calidad, evita las compras impulsivas y planifica tus necesidades. Comprar menos significa generar menos residuos.

2. Reutilizar: Dale a los artículos una segunda vida antes de desecharlos. Piense en arreglar ropa y electrodomésticos rotos, donar o vender artículos que ya no usa y explorar el mercado de artículos usados.

3. Recicle adecuadamente: familiarícese con su sistema de reciclaje local y siga las pautas específicas. Separe correctamente los materiales reciclables y asegúrese de que estén limpios y secos

antes de colocarlos en el contenedor de reciclaje.

4. Compostaje: si tiene un jardín o espacio al aire libre, considere el compostaje de desechos orgánicos. Esto no solo reducirá la cantidad de desechos que van al vertedero, sino que también será un excelente abono para sus plantas.

5. Evita los productos desechables: Opta por alternativas reutilizables como botellas de agua, cubiertos y popotes de metal o vidrio. Además, traiga su propia bolsa de compras para evitar el uso de bolsas de plástico.

6. Educación y concientización: Comparta sus conocimientos sobre prácticas de manejo sostenible de desechos con amigos, familiares y la comunidad. Organice talleres o conferencias locales para crear conciencia y brindar orientación práctica sobre cómo reducir, reutilizar y reciclar.

7. Compromiso con la comunidad: participe en iniciativas locales de gestión de residuos, como grupos de recolección selectiva, campañas de limpieza o campañas de concientización. Únete a organizaciones o comités ambientales en tu comunidad y contribuye a la implementación de prácticas sostenibles.

Cada uno de nosotros tiene un papel clave que desempeñar, ya sea como consumidor consciente, reciclador responsable o defensor de prácticas sostenibles en nuestra comunidad. Juntos, podemos crear un medio ambiente más limpio, preservar los recursos naturales y construir un futuro mejor para las generaciones venideras.

CAPÍTULO 12: TRANSPORTE SOSTENIBLE: PROMOCIÓN DE UNA MOVILIDAD LIMPIA Y EFICIENTE

En este capítulo, exploraremos el tema del transporte sostenible y su importancia en la construcción de un futuro más limpio y eficiente. Abordaremos los desafíos del transporte convencional, los beneficios del transporte sostenible y las múltiples opciones disponibles para promover la movilidad sostenible en nuestra vida diaria. Comprenderemos cómo cada uno de nosotros puede tomar decisiones conscientes y contribuir a reducir las emisiones de gases de efecto invernadero y mejorar la calidad del aire a través del transporte sostenible.

Sección 1: Desafíos del transporte convencional:

El transporte convencional, basado principalmente en combustibles fósiles, presenta una serie de desafíos ambientales y sociales. Los vehículos propulsados por gasolina o diésel son responsables de una parte importante de las emisiones de gases de efecto invernadero, lo que contribuye al cambio climático. Además, la congestión en las ciudades, la contaminación del aire y la dependencia de recursos no renovables son problemas urgentes que deben abordarse.

Sección 2: Beneficios del transporte sostenible:

El transporte sostenible ofrece una serie de beneficios para el medio ambiente, la salud humana y la economía. Al optar por medios de transporte más sostenibles, como caminar, andar en bicicleta, usar el transporte público o los vehículos eléctricos, podemos reducir significativamente las emisiones de gases de efecto invernadero, mejorar la calidad del aire en las ciudades y disminuir la dependencia de los combustibles fósiles. Además, la promoción del transporte sostenible estimula el desarrollo económico, genera empleos y brinda una mejor calidad de vida a las comunidades.

Seccion 3: Opciones de transporte sostenible:

Hay varias opciones de transporte sostenible que se pueden adoptar en nuestra vida diaria. Veamos algunos de ellos:

1. Caminar y andar en bicicleta: Para distancias cortas, opta por caminar o andar en bicicleta. Además de ser formas de transporte libres de emisiones, son excelentes formas de mantenerse activo y saludable.

2. Transporte público: utilice el transporte público siempre que sea posible. Los buses, metros y trenes tienen una mayor capacidad de transporte y emiten menos gases contaminantes por pasajero, además de reducir la congestión vial.

3. Uso compartido del automóvil: Considere la posibilidad de compartir el automóvil con compañeros de trabajo, vecinos o amigos que tengan viajes similares. Además de reducir la cantidad de vehículos en la carretera, ahorra dinero en combustible y estacionamiento.
4. Vehículos Eléctricos: Si posee un vehículo particular, considere la opción de vehículos eléctricos (EVs). Los vehículos eléctricos tienen cero emisiones de escape y son cada vez más asequibles y disponibles. Además, el uso de infraestructura de carga de energía renovable aumenta aún más la sostenibilidad del transporte eléctrico.

Sección 4: Incentivos y políticas para el transporte sostenible
Para promover el transporte sostenible, es esencial contar con incentivos y políticas que fomenten las opciones sostenibles. Estas son algunas iniciativas que se pueden tomar:

1. Infraestructura adecuada: es fundamental invertir en la creación de carriles para bicicletas seguros y bien diseñados, aceras accesibles y sistemas de transporte público eficientes. Esta infraestructura anima a las personas a optar por modos de

transporte sostenibles.

2. Incentivos financieros: los gobiernos pueden ofrecer incentivos financieros, como subsidios o exenciones fiscales, para la compra de vehículos eléctricos, bicicletas y otros modos de transporte sostenibles. Esto hace que estas opciones sean más accesibles y atractivas para los consumidores.

3. Restricciones al uso de vehículos contaminantes: La implementación de políticas que restrinjan o penalicen el uso de vehículos altamente contaminantes, como los peajes urbanos o las zonas de bajas emisiones, favorece la transición hacia opciones de transporte más limpias.

4. Integración de la planificación urbana: planificar las ciudades de forma más integrada, con una mezcla de residencias, comercio y servicios cercanos, reduce la necesidad de viajes largos y favorece el uso de medios de transporte sostenibles.

5. Concienciación y educación: Promover campañas de concienciación sobre los beneficios del transporte sostenible y los impactos negativos del transporte convencional es fundamental para involucrar a la población. Informar sobre alternativas de transporte sostenible y sus beneficios puede alentar a más personas a adoptar estas prácticas.

6. Asociaciones público-privadas: los gobiernos pueden establecer asociaciones con empresas privadas para fomentar el uso del transporte sostenible. Por ejemplo, las empresas pueden ofrecer descuentos o beneficios a los empleados que utilizan el transporte público o no motorizado.

El transporte sostenible juega un papel crucial en la construcción de un futuro más limpio y eficiente. Al elegir formas de transporte más sostenibles, como caminar, andar en bicicleta, usar el transporte público o los vehículos eléctricos, podemos reducir las emisiones de gases de efecto invernadero, mejorar la calidad del aire y crear comunidades más saludables y dinámicas.

Con los incentivos correctos, políticas efectivas y conciencia, podemos promover la adopción generalizada del transporte sostenible y trabajar juntos para crear un sistema de movilidad más sostenible para todos.

CAPÍTULO 13: COMPROMISO CON LA SOCIEDAD: JUNTOS POR LA SOSTENIBILIDAD

En este capítulo, exploraremos la importancia de involucrar a la sociedad en la búsqueda de un futuro sostenible. Cubriremos cómo cada individuo puede marcar la diferencia a través de la acción consciente y cómo la participación de la comunidad puede impulsar un cambio significativo. Exploraremos formas de promover el compromiso de la sociedad y fomentar prácticas sostenibles en nuestra vida diaria.

Sección 1: La fuerza del individuo:

Cada individuo tiene el poder de marcar la diferencia hacia la sostenibilidad. Las pequeñas acciones diarias, cuando se multiplican por millones de personas, tienen un impacto significativo. Aquí hay algunas maneras en que podemos contribuir:

1. Educación y concientización: busque conocimiento sobre temas ambientales y comparta información con amigos, familiares y colegas. Podemos participar en cursos, talleres y eventos relacionados con la sustentabilidad para mejorar nuestra comprensión.

2. Cambio de hábitos: identifique hábitos y comportamientos que se puedan ajustar para volverse más sostenibles. Esto puede incluir reducir el consumo excesivo, optar por productos ecológicos, ahorrar energía y agua, entre otras prácticas.

3. Opciones de consumo responsable: considerando el impacto ambiental de los productos que compramos. Priorizar productos locales, orgánicos y de comercio justo. Valoración de empresas que adoptan prácticas sostenibles en sus cadenas de suministro.

4. Participación Política: Involucrarse en la política local y

nacional, apoyando a candidatos y partidos comprometidos con la sustentabilidad. Podemos participar en manifestaciones, peticiones y campañas a favor de políticas ambientales más robustas.

Sección 2: Participación de la comunidad:

Además de las acciones individuales, la participación de la comunidad es esencial para impulsar un cambio sostenible a gran escala. Aquí hay algunas maneras de involucrar a la comunidad:

1. Organización de eventos locales: Realiza ferias, talleres y charlas sobre sustentabilidad en tu comunidad. Esto permite compartir conocimientos, intercambiar ideas y crear un sentido de unidad en torno a los problemas ambientales.

2. Creación de grupos de acción local: Formar grupos locales o asociaciones enfocadas en proyectos sostenibles. Estos grupos pueden abordar temas específicos como energía renovable, conservación de recursos, jardinería comunitaria y más.

3. Alianzas con instituciones locales: Establecer alianzas con escuelas, empresas, organizaciones religiosas e instituciones gubernamentales para promover iniciativas sostenibles. Esto puede implicar la implementación de programas de reciclaje, proyectos de eficiencia energética, jardines comunitarios, entre otros.

4. Voluntariado en proyectos ambientales: Participa en iniciativas de limpieza de playas, ríos y parques locales. Contribuir a la preservación y restauración de áreas naturales, plantando árboles y protegiendo la vida silvestre.

Seccion 3: Fortalecimiento de la voz colectiva:

Para fortalecer el compromiso de la sociedad, es fundamental trabajar juntos y fortalecer la voz colectiva a favor de la sostenibilidad. Aquí hay algunas estrategias para lograr ese objetivo:

1. Redes sociales y movimientos: conectarse con redes sociales y movimientos que comparten objetivos similares es una forma poderosa de amplificar el impacto. Participar en organizaciones locales o globales que luchan por la sustentabilidad nos permite unir esfuerzos y generar cambios significativos.

2. Comunicación eficaz: Utilizar canales de comunicación eficaces, como redes sociales, blogs, podcasts y eventos públicos, para difundir información sobre sostenibilidad y fomentar la participación activa de la sociedad. Es importante compartir historias inspiradoras, ejemplos prácticos y datos que eleven la conciencia colectiva.

3. Compromiso en línea: aprovechar las plataformas digitales para movilizar e involucrar a las personas en temas sostenibles. Las campañas en línea, las peticiones, el intercambio de información relevante y el fomento de la participación en eventos pueden amplificar el mensaje y llegar a un público más amplio.

4. Alianzas estratégicas: establecer alianzas con empresas, instituciones académicas, ONG y gobiernos puede fortalecer la capacidad para generar cambios sostenibles. Trabajar juntos para desarrollar proyectos, compartir recursos y alinear objetivos puede aprovechar los esfuerzos y maximizar el impacto.

5. Abogacía e influencia política: Además de participar en la política, es importante impulsar políticas ambientales más fuertes. Esto se puede hacer a través de campañas de concientización, cabildeo, envío de cartas a funcionarios electos y participación en consultas públicas.

El compromiso de la sociedad es fundamental para impulsar la transición hacia un futuro sostenible. Al actuar como individuos reflexivos y participar en iniciativas comunitarias, podemos marcar una diferencia en nuestras propias vidas e inspirar a quienes nos rodean a seguir su ejemplo. Al fortalecer nuestra voz colectiva y trabajar en asociación, podemos crear un poderoso movimiento capaz de impulsar un cambio positivo a nivel local, nacional y mundial. Juntos, podemos construir un mundo más sostenible para las generaciones presentes y futuras.

CAPÍTULO 14: POLÍTICAS PÚBLICAS Y LEGISLACIÓN AMBIENTAL: CAMINOS HACIA LA SOSTENIBILIDAD

En este capítulo exploraremos la importancia de las políticas públicas y la legislación ambiental en la búsqueda de un futuro sostenible. Discutiremos cómo estas medidas pueden moldear el comportamiento individual y corporativo, promoviendo prácticas más responsables con el medio ambiente. Abordaremos ejemplos de políticas públicas y leyes que tienen como objetivo proteger el medio ambiente y fomentar la adopción de prácticas sostenibles.

Sección 1: El papel de las políticas públicas:

Las políticas públicas juegan un papel clave en la promoción de la sostenibilidad. Aquí hay algunas áreas donde las políticas pueden tener un impacto significativo:

1. Energía renovable: Implementar políticas que fomenten el uso de fuentes de energía renovable, como la energía solar, eólica e hidroeléctrica. Esto puede incluir subsidios para la instalación de paneles solares, programas de incentivos de energía eólica y objetivos de energía renovable para el sector eléctrico.

2. Eficiencia Energética: Desarrollar políticas que promuevan la eficiencia energética en viviendas, edificios comerciales e industriales. Esto puede involucrar programas de certificación energética, incentivos para la adopción de tecnologías eficientes y regulaciones que exijan mayores estándares de eficiencia.

3. Conservación de los recursos naturales: Implementar políticas que fomenten la conservación y el uso sostenible de los recursos naturales, como los bosques, el agua y la biodiversidad. Esto puede incluir la creación de áreas protegidas, regulaciones para la extracción responsable de recursos naturales e incentivos para la adopción de prácticas agrícolas sostenibles.

4. Transporte sostenible: Desarrollar políticas que promuevan el transporte sostenible, como la ampliación de las redes de transporte público, la construcción de ciclovías y el fomento del uso de vehículos eléctricos. También puede involucrar la implementación de peajes urbanos y políticas de zonificación que alienten la creación de comunidades accesibles con infraestructura adecuada.

Sección 2: La importancia de la legislación ambiental:

La legislación ambiental juega un papel clave en la protección del medio ambiente y el establecimiento de pautas para prácticas sostenibles. Estas son algunas áreas en las que la legislación ambiental puede desempeñar un papel:

1. Protección de la biodiversidad: Establecer leyes que protejan los hábitats naturales, las especies en peligro de extinción y los ecosistemas frágiles. Esto podría incluir la creación de áreas protegidas, la prohibición de la caza furtiva y la regulación del comercio de especies en peligro de extinción.

2. Manejo de desechos: Establecer leyes que promuevan el manejo adecuado de los desechos, como la implementación de programas de recolección separada, la regulación de la eliminación de desechos peligrosos y la promoción del reciclaje.

3. Control de la contaminación: Implementar leyes que limiten la emisión de contaminantes en el aire, agua y suelo

4. Responsabilidad empresarial: Establecer leyes que responsabilicen a las empresas por sus prácticas ambientales, promoviendo la adopción de tecnologías limpias, la reducción de emisiones de gases de efecto invernadero y la implementación de programas de responsabilidad social empresarial.

5. Educación ambiental: Desarrollar leyes que promuevan la educación ambiental en todos los niveles educativos, asegurando que los ciudadanos tengan conocimiento y conciencia sobre los

temas ambientales. Esto puede incluir la inclusión de planes de estudio ambientales, la capacitación de maestros y la promoción de programas de concientización comunitaria.

Seccion 3: Fomento de la práctica y la participación:

Además de establecer políticas públicas y legislación ambiental, es fundamental fomentar la práctica y participación activa de la sociedad. Aquí hay algunas maneras de promover el compromiso:

1. Sensibilización y educación: Promover campañas de sensibilización sobre la importancia de la sostenibilidad y los beneficios de las políticas públicas y la legislación ambiental. Es fundamental brindar información clara y accesible para que las personas entiendan la relevancia de estas medidas.

2. Participación de la comunidad: Fomentar la participación de la comunidad en la toma de decisiones relacionadas con las políticas públicas y la legislación ambiental. Esto puede incluir la celebración de consultas públicas, foros de debate y la asociación con organizaciones locales.

3. Seguimiento y rendición de cuentas: Establecer mecanismos de seguimiento y rendición de cuentas para asegurar el cumplimiento de las políticas públicas y la legislación ambiental. Esto puede implicar auditorías ambientales, cumplimiento estricto y castigos apropiados para quienes infrinjan la ley.

4. Incentivos económicos: Crear incentivos económicos para que empresas e individuos adopten prácticas sostenibles. Esto puede incluir subsidios para implementar tecnologías limpias, exenciones fiscales para empresas que adopten prácticas ambientalmente responsables y programas de financiación para proyectos sostenibles.

5. Capacitación y apoyo: Proporcionar recursos y apoyo técnico para ayudar a las empresas y personas a adaptarse a las políticas públicas y la legislación ambiental. Esto puede incluir programas de capacitación, acceso a financiamiento y asociación

con expertos en la materia.

Las políticas públicas y la legislación ambiental juegan un papel crucial en la promoción de la sostenibilidad. Al establecer pautas e incentivos apropiados, podemos moldear el comportamiento individual y corporativo hacia prácticas más responsables con el medio ambiente. Sin embargo, es fundamental fomentar la práctica y la participación activa de la sociedad para que estas medidas sean efectivas. Juntos, podemos crear un entorno más sostenible, preservando los recursos naturales y asegurando un futuro saludable para las generaciones presentes y futuras.

CAPÍTULO 15: FUTUROS DESAFÍOS Y OPORTUNIDADES: CONSTRUYENDO UN FUTURO SOSTENIBLE

En este capítulo, exploraremos los desafíos y las oportunidades que enfrentamos en la búsqueda de un futuro sostenible. A pesar de los avances, aún queda mucho por hacer para proteger el medio ambiente y crear una sociedad más equilibrada. Discutiremos los principales desafíos que enfrentamos, así como las oportunidades que tenemos para marcar la diferencia. Exploremos cómo cada individuo puede contribuir a superar estos desafíos y aprovechar las oportunidades para construir un futuro sostenible.

Sección 1: Retos ambientales:

1. Cambio Climático: El calentamiento global es uno de los mayores desafíos ambientales que enfrentamos hoy. Las emisiones de gases de efecto invernadero de la quema de combustibles fósiles están provocando un aumento de las temperaturas globales, lo que provoca fenómenos meteorológicos extremos y cambios en los patrones climáticos.

2. Pérdida de biodiversidad: La pérdida de biodiversidad debido a la destrucción de hábitats naturales, la contaminación y la introducción de especies invasoras es un desafío importante. La disminución de la diversidad biológica afecta el equilibrio de los ecosistemas, comprometiendo el suministro de alimentos, agua limpia y otros servicios ecosistémicos esenciales.

3. Escasez de recursos naturales: El crecimiento demográfico y el consumo excesivo están provocando escasez de recursos naturales como el agua, los minerales y la energía. La explotación insostenible de estos recursos compromete la capacidad de satisfacer las necesidades futuras de las generaciones.

Sección 2: Oportunidades para la Sostenibilidad:

1. Transición a energías renovables: La adopción a gran escala de energías renovables, como la solar, eólica e hidroeléctrica, representa una gran oportunidad para reducir las emisiones de gases de efecto invernadero y disminuir nuestra dependencia de los combustibles fósiles.

2. Economía circular: La transición a una economía circular, donde se minimizan los residuos, se reutilizan y reciclan los materiales, y el consumo se basa en el uso sostenible de los recursos, ofrece oportunidades para reducir los residuos y crear un sistema más eficiente y sostenible.

3. Tecnología e innovación: el avance tecnológico y la innovación pueden impulsar soluciones sostenibles en muchas áreas, desde el transporte y la construcción hasta la agricultura y la gestión de residuos. El desarrollo de tecnologías limpias y la aplicación de prácticas innovadoras son oportunidades prometedoras para enfrentar los desafíos ambientales.

4. Concienciación y educación: La concienciación y la educación juegan un papel clave en el cambio de comportamientos y el establecimiento de una cultura de sostenibilidad. La oportunidad de educar y empoderar a las personas, desde la niñez hasta la edad adulta, es crucial para crear una sociedad más consciente y comprometida.

Seccion 3: Acción Individual y Colectiva:

1. Consumo consciente: Cada individuo tiene el poder de tomar decisiones conscientes en cuanto al consumo. Apostar por productos sostenibles, con menor huella ambiental, como alimentos ecológicos, productos reciclables y empresas socialmente responsables, ayuda a reducir la presión sobre los recursos naturales y reducir la contaminación.

2. Reducción de desechos: una acción simple pero impactante es reducir los desechos. Esto se puede hacer practicando las 3 R: Reducir, Reutilizar y Reciclar. Evitar el uso de artículos

desechables, reutilizar envases y objetos siempre que sea posible y separar correctamente los materiales para reciclar son actitudes que marcan la diferencia.

3. Movilización de la comunidad: la participación de la comunidad es una valiosa oportunidad para promover la sostenibilidad. Participar en grupos locales, ONG o movimientos sociales enfocados en la causa ambiental puede aumentar el impacto de nuestras acciones individuales y fortalecer la voz colectiva en la búsqueda del cambio.

4. Impulsar políticas sostenibles: El ejercicio de nuestro poder ciudadano es fundamental para impulsar la implementación de políticas públicas orientadas a la sostenibilidad. Participar en debates, manifestaciones pacíficas, enviar cartas a representantes políticos y votar por candidatos comprometidos con la causa ambiental son formas de influir positivamente en las decisiones gubernamentales.

5. Educación y concientización continua: La búsqueda de conocimiento sobre temas ambientales y la concientización continua son fundamentales para que actuemos de manera informada y comprometida. Participar en cursos, conferencias, seminarios y leer libros y artículos relacionados con el tema nos permite profundizar nuestra comprensión y difundir información correcta a los demás.

Enfrentamos importantes desafíos de sustentabilidad, pero también tenemos muchas oportunidades para crear un futuro mejor. La acción individual y colectiva juega un papel clave en este proceso. Adoptando prácticas sostenibles en nuestro día a día, involucrándonos en iniciativas comunitarias, presionando por políticas adecuadas y buscando constantemente educar y concienciar, estaremos contribuyendo a construir un mundo más equilibrado y saludable. Juntos, podemos convertir los desafíos en oportunidades y dejar un legado positivo para las generaciones futuras.

CONCLUSIÓN:

En este libro, exploramos el tema del medio ambiente y cómo podemos contribuir a un planeta sostenible. A lo largo de los capítulos, cubrimos una amplia gama de temas relacionados con la sustentabilidad, brindando información, puntos de vista y sugerencias prácticas para que cada uno de nosotros pueda marcar la diferencia.

Comenzamos con una introducción al medio ambiente y su importancia para nuestra supervivencia y calidad de vida. Luego discutimos la crisis ambiental y los principales desafíos que enfrentamos, como el cambio climático, la pérdida de biodiversidad, la escasez de recursos naturales y la contaminación.

También exploramos oportunidades para la sostenibilidad, destacando la transición a la energía renovable, la economía circular, el papel de la tecnología y la innovación, la importancia de la concienciación y la educación, y la necesidad de participación comunitaria.

Abordamos temas específicos como la importancia de la conservación de los ecosistemas, la preservación de los bosques, la gestión de residuos, la agricultura sostenible, el transporte sostenible, la participación de la sociedad, las políticas públicas y la legislación ambiental, y los desafíos y oportunidades futuras.

En cada capítulo destacamos la importancia de la acción individual y colectiva. Cada uno de nosotros tiene el poder de tomar decisiones conscientes con respecto al consumo, reducir el desperdicio, participar en movilizaciones comunitarias, impulsar políticas sostenibles, buscar educación y concientización continuas.

Al adoptar estas prácticas y actuar de manera responsable con el medio ambiente, estaremos contribuyendo a construir un mundo más equilibrado y saludable. El cambio comienza con cada uno de nosotros, pero también requiere la colaboración de gobiernos, empresas y comunidades para lograr resultados significativos.

Mi esperanza es que este libro le haya brindado información valiosa y lo haya inspirado a tomar medidas concretas en nombre del medio ambiente. Cada pequeña acción cuenta, y juntos podemos crear un futuro sostenible para las generaciones presentes y futuras. Recordemos que todos somos parte integral de este planeta, y es nuestro deber protegerlo y preservarlo para el bien de todos.

El viaje hacia la sustentabilidad es continuo y desafiante, pero con compromiso, conciencia y acción, podemos marcar la diferencia. Que este libro electrónico sea un punto de partida para un viaje personal y colectivo hacia un futuro más verde, saludable y próspero. El poder está en nuestras manos. ¡Actuemos ahora!

ACERCA DEL AUTOR

José Ruiz Watzeck

Periodista, Escritor, Autor, Geógrafo, Matemático, Profesor, Neuropsicopedagogo, Especialista en Enseñanza Superior, Postgraduado en Auditoría, Gestión y Licencias Ambientales, Postgraduado en Geoprocesamiento y Georreferenciación, Pedagogo.

www.ingramcontent.com/pod-product-compliance
Lightning Source LLC
Chambersburg PA
CBHW061735250726
48657CB00002B/942